U0026252

投資必備的大局思維

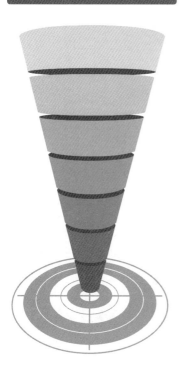

金融
傳統／行為
- ❶人是**不理性**的
- ❷High過頭／怕過頭
- ❸物極必反**回歸價值**

不慌
透析人性

國家
C+I+G+(X-M)
- ❶**貨幣**政策／**財政**政策
- ❷**紓困**方案／**緊急**命令

不惑
政府作為

公司
萬物皆有價
- ❶三大財務報表
- ❷二隻腳（**生活／行業**）
- ❸一切源自於**OCF**（營業活動CF）

不賭
價值投資

個人
勝算／防爆
- ❶資產盤點與**風險**控管
- ❷投資組合與個人操作
- ❸線上學習平台**打群架**

不急
勝算大的事

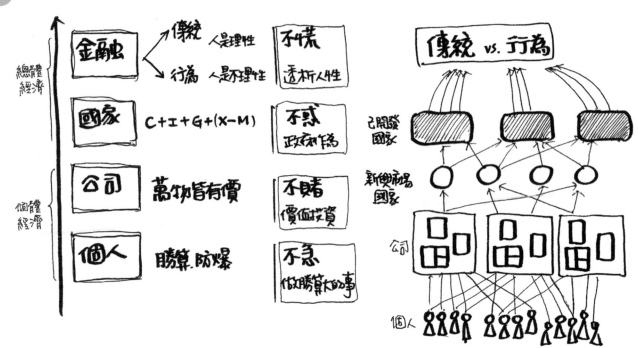

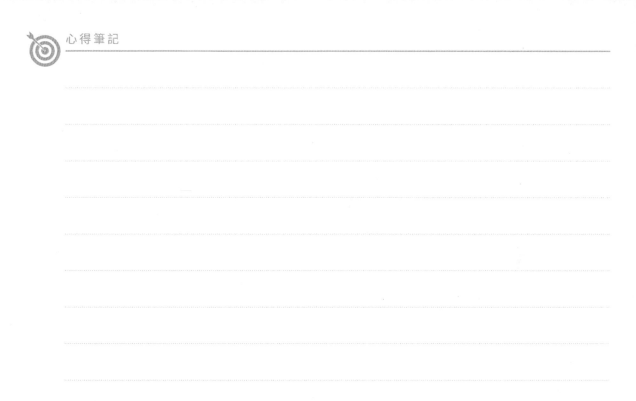

心得筆記

國際金融視角 — 不慌

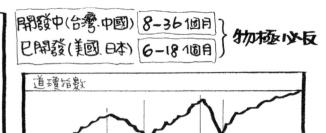

熔斷 2020.3.10 +6個月再行動

開發中(台灣.中國)	8-36 個月
已開發(美國.日本)	6-18 個月

} 物極必反

道瓊指數

1999 .cum 風暴　　2003　　　2008 2009 金融海嘯

1. **黑死病** → 30-40% 死亡率

2. **世界大戰** → 民不聊生

3. **1990 A.c. 台股急跌**

12682點

經子專長子賢 →

| 散戶 → 机構投資人 |
| 投机 → 投資 |
| 金融 → 電子 |

股市營業額 2100億 NTD

↓ 較量

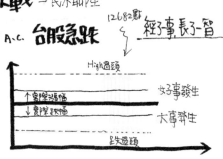

High過頭

↑實際漲幅　好事發生

↓實際跌幅　大事發生

跌過頭

不理性

紐約 證交所　東京 證交所

心得筆記

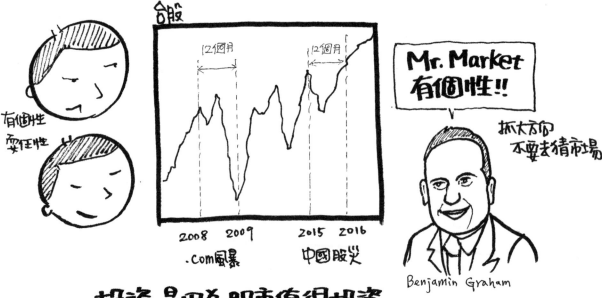

心得筆記

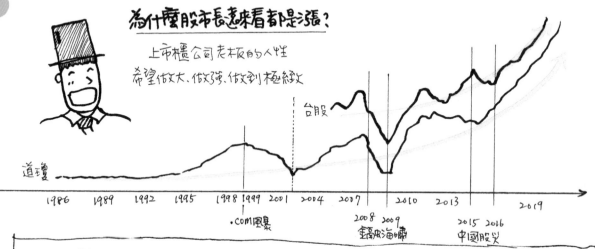

為什麼股市長遠來看都是漲？

上市櫃公司老板的人性
希望做大、做強、做到極緻

道瓊　台股

1986　1989　1992　1995　1998 1999 2001　2004　2007　2010　2013　2019

.COM風暴

2008 2009
金融海嘯

2015 2016
中國股災

行為
金融學研究結果：

1. 人是不理性

2. High時High過頭，跌時也跌過頭

3. 漲久必跌，跌久必漲，最後都會回歸價值

心得筆記

台灣人常見財富自由方法

房地產	創業	期貨	選擇權	股票

STOCKS 股票

台灣最有錢人　　1%　　　0%　　　0%　　　60%
用的方法　　　　心痛　　　沒人持續

BONDS
BILLS
GOLD
DOLLAR

$1

1871　　　1931 1941　　　2011

| Wharton School Professor Jeremy Siegel | 212年間的總報酬率 January 1802 — December 2013

這些數字已針對通貨膨脹的影響而進行調整

Jeremy Siegel

心得筆記

國家金融視角

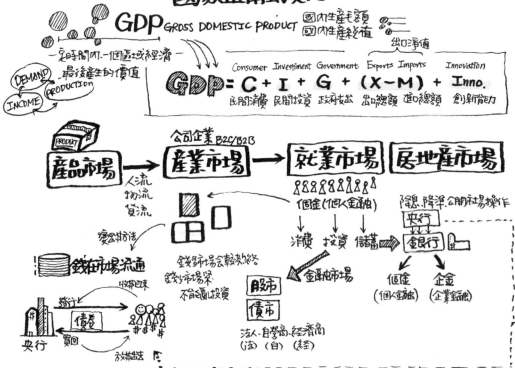

GDP GROSS DOMESTIC PRODUCT　國內生產毛額／國內生產總值

出口淨值

一定時間內，一個區域經濟－最後產生的價值

DEMAND → INCOME → PRODUCTION

Consumer Investment Government Exports Imports　Innovation

GDP = C + I + G + (X－M) + Inno.

民間消費　民間投資　政府支出　出口總額　進口總額　創新能力

PRODUCT

產品市場 → 產業市場 → 就業市場　房地產市場

公司企業 B2C/B2B

人流 物流 貨流

變形於法

個金(個人金融)

降息、降準、公開市場操作

央行

銀行

消費 投資 儲蓄 → 金融市場

錢在市場流通

錢流入市場会較熱絡
錢少市場冷
不能讓他投資

股市
債市

法人、自營商、經紀商
(法)(自)(經)

發行
債券
買回

央行

放錢出去

收部回來

個金
(個人金融)

企金
(企業金融)

心得筆記

國力強弱 GDP = C + I + G + (X-M) + Inno.

- 民間消費
- 民間投資
- 政府支出
- 出口(賺錢)
- 進口(花錢)
- 創新育成

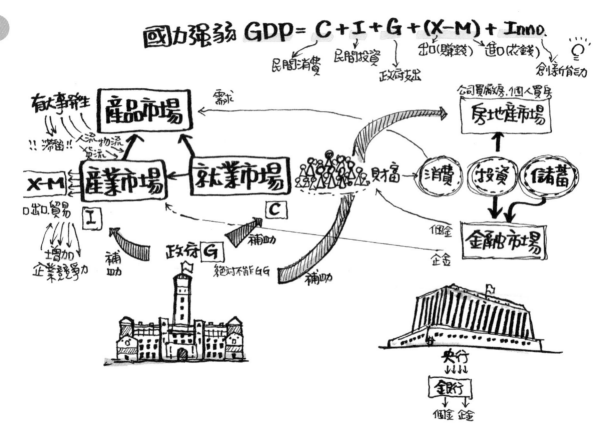

產品市場
競爭性
!! 滯銷 !!
人流.物流. 資流
需求

產業市場
X-M
出口貿易
增加
企業競爭力
I

就業市場
補助
C
政府 G
絕對不能GG
補助

財富

消費 投資 儲蓄

公司買廠房.個人買房
房地產市場

金融市場
個金
企金

央行
銀行
個金 企金

心得筆記

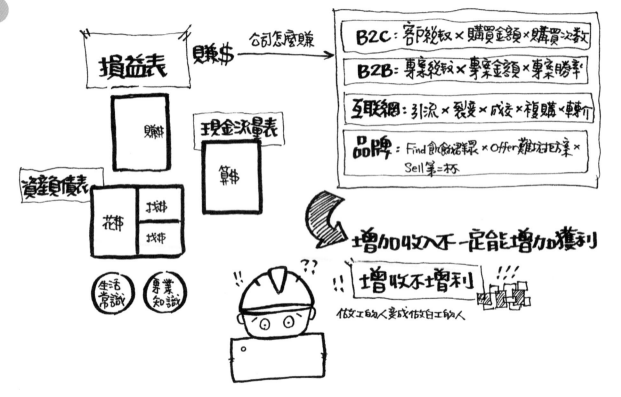

損益表　賺$　公司怎麼賺

B2C：客戶總數 × 購買金額 × 購買次數

B2B：專案總數 × 專案金額 × 專案勝率

互聯網：引流 × 裂變 × 成交 × 複購 × 轉介

D 品牌：Find 飢餓群眾 × Offer 難拒方案 × Sell 第二杯

賺

現金流量表　算

資產負債表

花 / 找 / 找

生活常識　專業知識

增加收入不一定能增加獲利

增收不增利

做工的人變成做白工的人

8

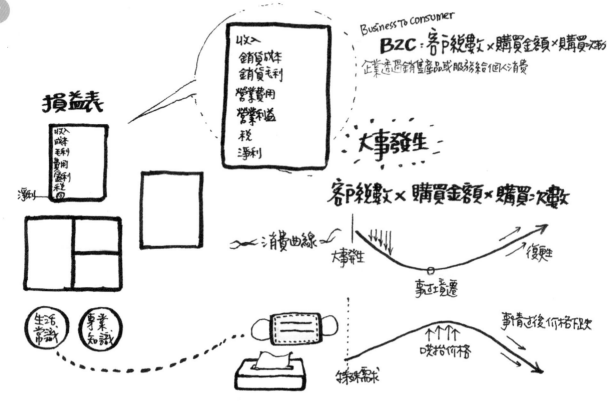

損益表

收入
銷貨成本
銷貨毛利
營業費用
營業利益
稅
淨利

Business To consumer
B2C：客戶總數 × 購買金額 × 購買次數
企業透過銷售產品或服務給個人消費

大事發生

客戶總數 × 購買金額 × 購買次數

消費曲線
大事發生 ~ 復甦
事過境遷

生活常識　專業知識

事情過後價格下跌
哄抬價格
特殊需求

心得筆記

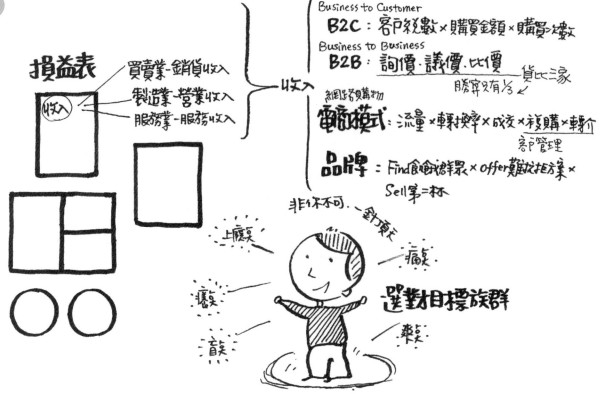

損益表

買賣業 - 銷貨收入
製造業 - 營業收入
服務業 - 服務收入

收入

Business to Customer
B2C：客戶總數 × 購買金額 × 購買次數

Business to Business
B2B：詢價‧議價‧比價　貨比三家
勝率又有 1/3 ↙

網路消費購物
電商模式：流量 × 轉換率 × 成交 × 複購 × 轉介
客戶管理

DD品牌：Find 食衣住群眾 × Offer 無敵好方案 ×
Sell 第一杯

非你不可‧一針見血

上癮
瘋
懂
樂

選對目標族群

心得筆記

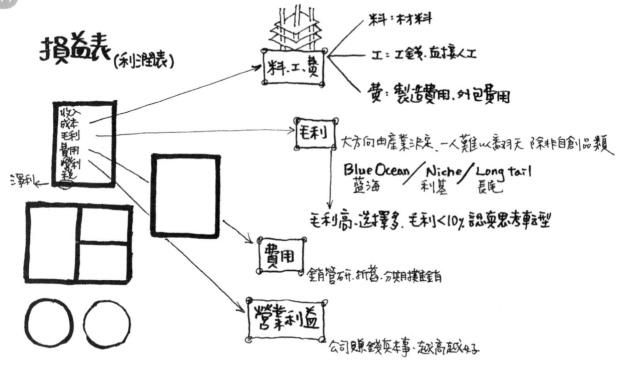

損益表 (利潤表)

料: 材料

工: 工錢. 直接人工

費: 製造費用. 外包費用

毛利　大方向由產業決定. 一人難以喬羽天 除非自創品類

Blue Ocean / Niche / Long tail
藍海 / 利基 / 長尾

毛利高. 選擇多. 毛利<10% 認真思考轉型

費用　銷管研. 折舊. 分期攤提銷

營業利益

公司賺錢真本事. 越高越好

心得筆記

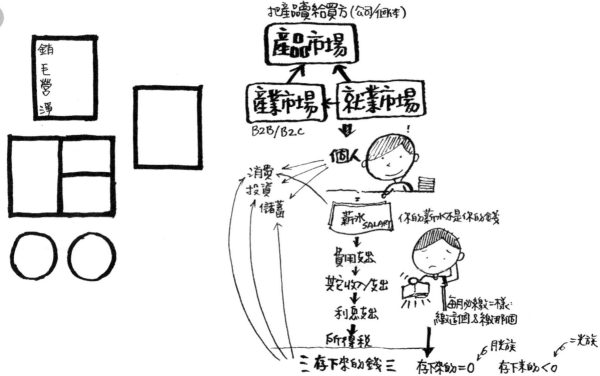

把產品賣給買方 (公司/個體)

產品市場

產業市場 ← 就業市場

B2B/B2C

個人

薪水 SALARY　你的薪水不是你的錢

消費
投資
儲蓄

費用支出

其它收入/支出

利息支出

所得稅

每月必繳=樣：
繳這個&繳那個

三存下來的錢三　　存下來的=0　6月光族

存下來的<0　二光族

銷
毛
營
淨

心得筆記

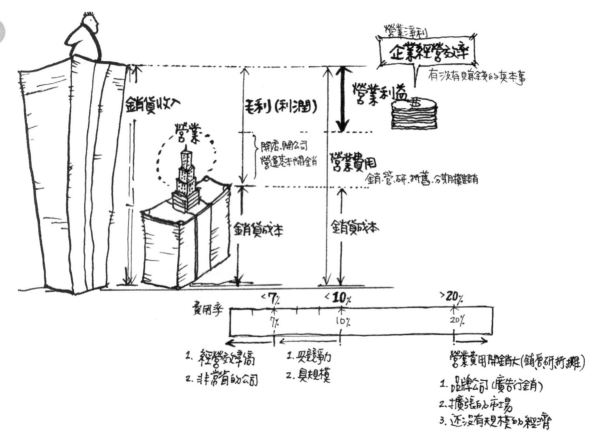

心得筆記

損益表 INCOME STATEMENT

大方向由產業決定

銷貨收入－銷貨成本＝毛利

毛利－營業費用＝營業利益

不同產業營運模式
本來就不同

相同產業的營業利益放在一起比才有意義

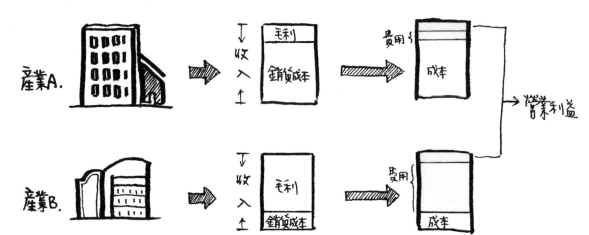

產業A.

收入↑↓

毛利
銷貨成本

費用
成本

→ 營業利益

產業B.

收入↑↓

毛利
銷貨成本

費用
成本

心得筆記

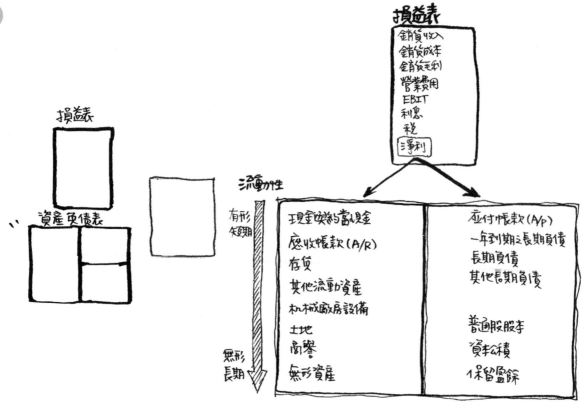

心得筆記

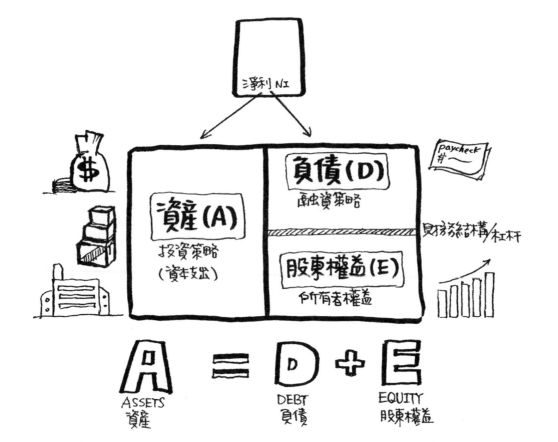

心得筆記

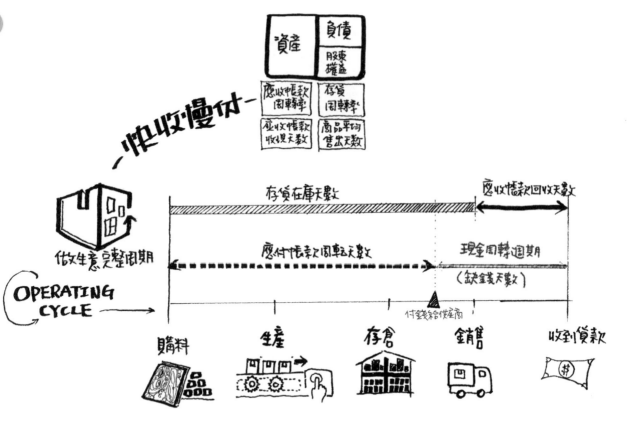

心得筆記

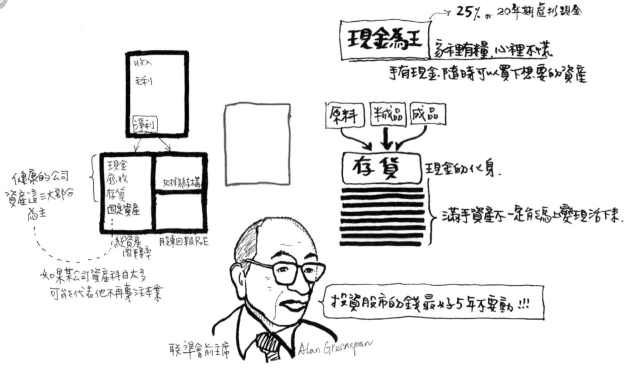

25% or 20年期盧抓現金

現金為王 家裡有糧,心裡不慌

手有現金,隨時可以買下想要的資產

健康的公司
資產這三大部分
為主

如果某公司資產科目太多
可能代表他不再專注本業

原料 | 半成品 | 成品

存貨 現金的化身.

滿手資產不一定算得上變現活下來.

收入
毛利
淨利

現金
應收
存貨
固定資產

財務結構

總資產
周轉率

股東回報ROE

投資股市的錢最好5年不要動!!!

聯準會前主席 Alan Greenspan

心得筆記

財務報表24真言

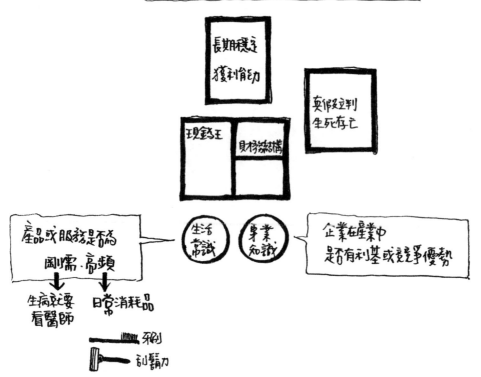

長期穩定
獲利能力

真假及判
生死存亡

現金王　財務結構

生活常識　專業知識

產品或服務是否為
剛需・高頻

生病就要
看醫師

日常消耗品

企業在產業中
是否有利基或競爭優勢

牙刷
刮鬍刀

心得筆記

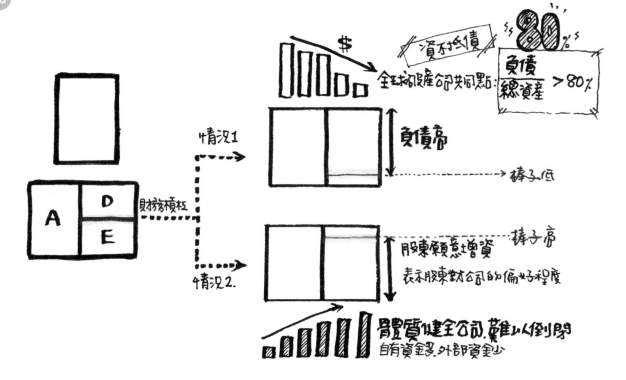

$\$$

資不抵債

負債 80%

$$\frac{負債}{總資產} > 80\%$$

全球地產公司共同點:

情況1 財務槓桿

負債高

棒子低

情況2.

棒子高

股東願意增資

表示股東對公司的偏好程度

體質健全公司,難以倒閉

自有資金多,外部資金少

心得筆記

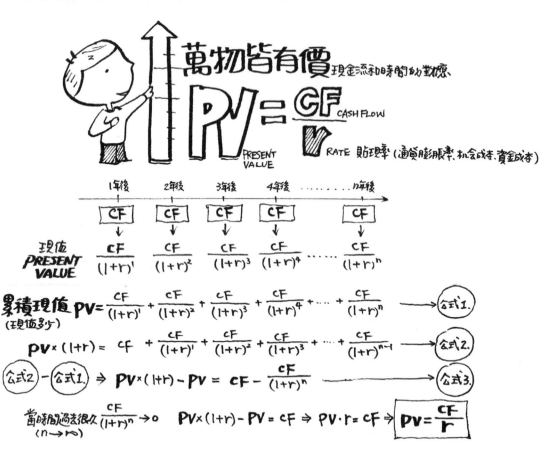

萬物皆有價 現金流和時間的數據。

$$PV = \frac{CF}{r}$$

PRESENT VALUE

CF CASH FLOW

r RATE 貼現率（通貨膨脹率、机会成本、資金成本）

	1年後	2年後	3年後	4年後	......	n年後
	CF	CF	CF	CF		CF

現値 PRESENT VALUE

$$\frac{CF}{(1+r)^1} \quad \frac{CF}{(1+r)^2} \quad \frac{CF}{(1+r)^3} \quad \frac{CF}{(1+r)^4} \quad \cdots \quad \frac{CF}{(1+r)^n}$$

累積現値 PV（現値多少）

$$PV = \frac{CF}{(1+r)^1} + \frac{CF}{(1+r)^2} + \frac{CF}{(1+r)^3} + \frac{CF}{(1+r)^4} + \cdots + \frac{CF}{(1+r)^n} \longrightarrow 公式1.$$

$$PV \times (1+r) = CF + \frac{CF}{(1+r)^1} + \frac{CF}{(1+r)^2} + \frac{CF}{(1+r)^3} + \cdots + \frac{CF}{(1+r)^{n-1}} \longrightarrow 公式2.$$

公式2. － 公式1. ⇒ $PV \times (1+r) - PV = CF - \frac{CF}{(1+r)^n}$ $\longrightarrow 公式3.$

當時間過去很久 $\frac{CF}{(1+r)^n} \to 0$ $\quad PV \times (1+r) - PV = CF \Rightarrow PV \cdot r = CF \Rightarrow \boxed{PV = \frac{CF}{r}}$

（n→∞）

心得筆記

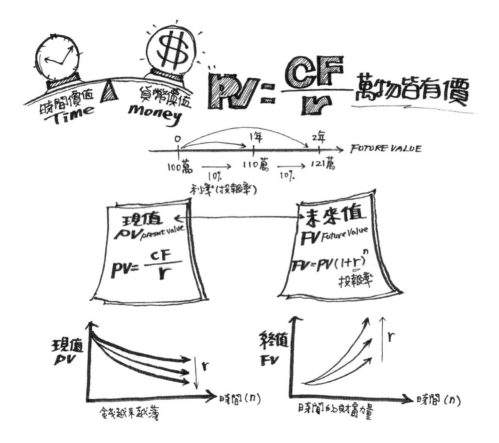

心得筆記

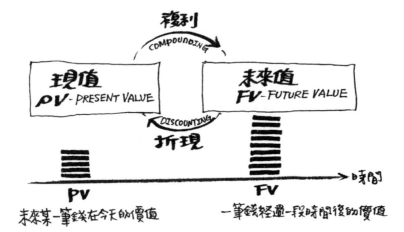

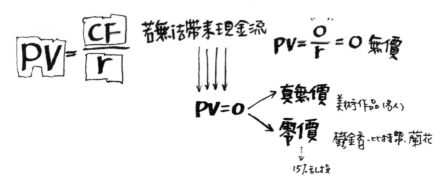

複利
COMPOUNDING

現值
PV - PRESENT VALUE

未來值
FV - FUTURE VALUE

DISCOUNTING
折現

時間

PV   FV

未來某一筆錢在今天的價值   一筆錢經過一段時間後的價值

$$PV = \frac{CF}{r}$$ 若無法帶來現金流 $PV = \frac{0}{r} = 0$ 無價

PV = 0 → 真無價 美術作品 (多人)

→ 零價 鬱金香·比特幣·蘭花
  ⋮
  15% 亂投

心得筆記

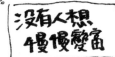

心得筆記

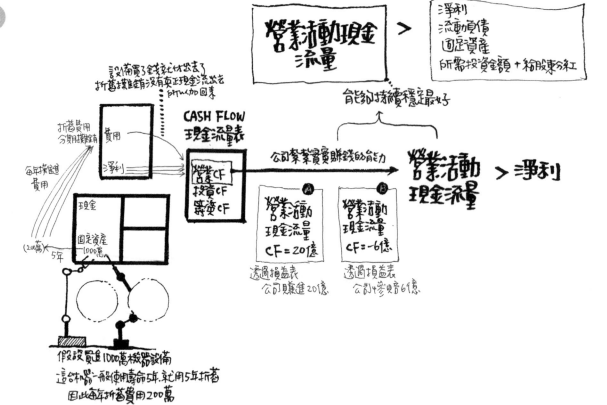

營業活動現金流量 > 淨利
流動負債
固定資產
所需投資金額 + 給股東分紅

設備買了錢就付出去了
折舊攤銷沒有真正現金流出去
所以加回來

CASH FLOW
現金流量表

折舊費用
分期攤銷

費用

淨利

能夠持續穩定最好

公司紮紮實實賺錢的能力

營業CF
投資CF
籌資CF

每年攤提進
費用

現金

固定資產
1000萬

(200萬)
5年

假設買進1000萬機器設備
這台機器一般使用壽命5年,就用5年折舊
因此每年折舊費用200萬

營業活動
現金流量
CF = 20億

透過損益表
公司賺進20億

營業活動
現金流量
CF = -6億

透過損益表
公司慘賠6億

營業活動
現金流量 > 淨利

心得筆記

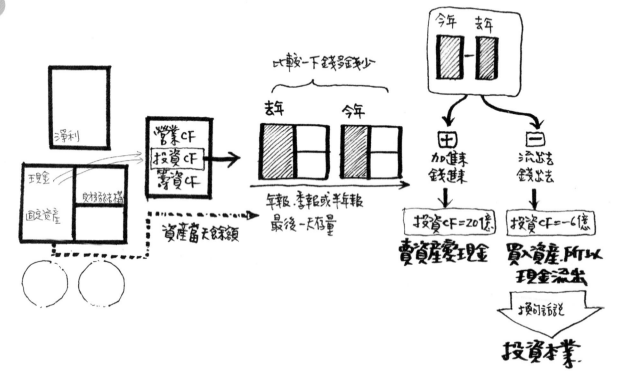

淨利

現金
固定資產
財務結構

營業CF
投資CF
籌資CF

資產當天餘額

比較一下錢多錢少

去年　　今年

年報、季報或半年報
最後一天存量

今年　去年

⊞
加進來
錢進來

⊟
流出去
錢出去

投資CF=20億

投資CF=-6億

賣資產變現金

買入資產，所以
現金流出

換句話說

投資本業

心得筆記

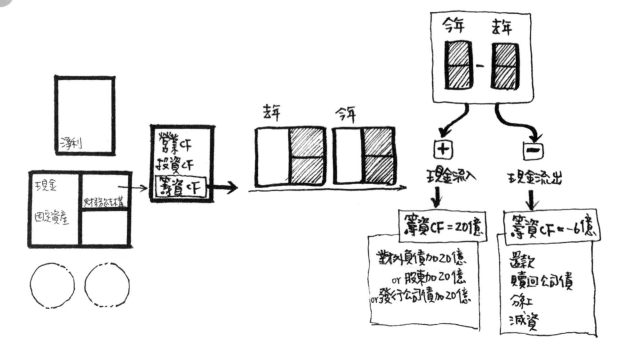

心得筆記

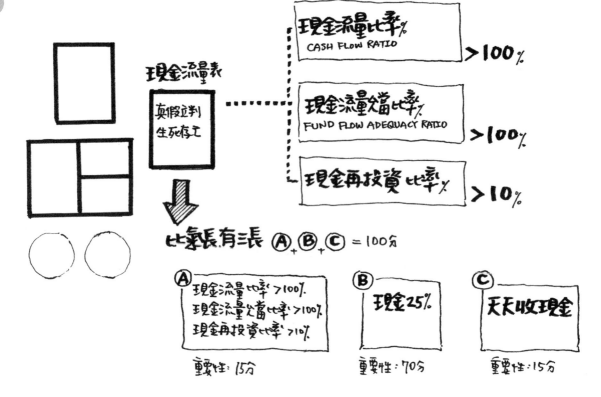

現金流量表

英假立判
生死存亡

現金流量比率%
CASH FLOW RATIO
>100%

現金流量允當比率%
FUND FLOW ADEQUACY RATIO
>100%

現金再投資比率%
>10%

比氣長有三長 Ⓐ + Ⓑ + Ⓒ = 100分

Ⓐ 現金流量比率 >100%
現金流量允當比率 >100%
現金再投資比率 >10%

重要性: 15分

Ⓑ 現金 25%

重要性: 70分

Ⓒ 天天收現金

重要性: 15分

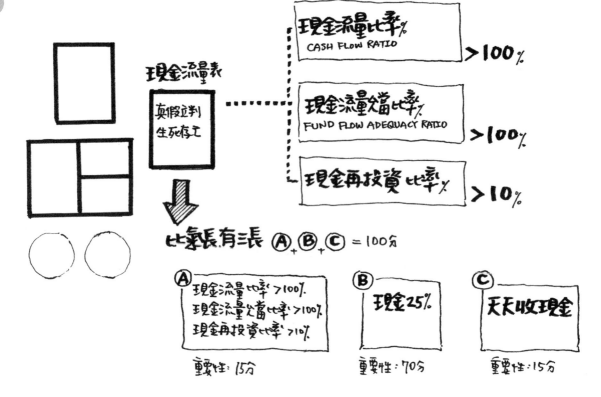

心得筆記

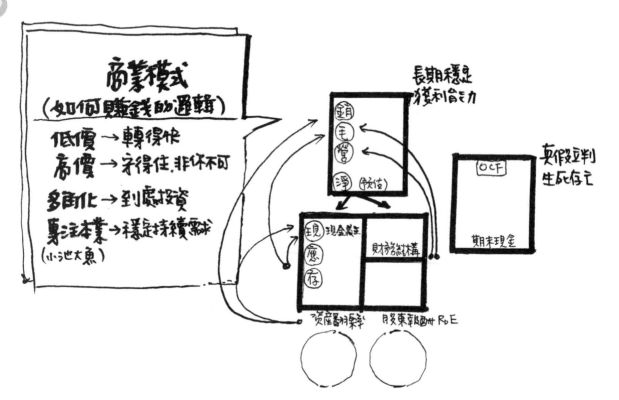

商業模式
（如何賺錢的邏輯）

低價 → 轉得快
高價 → 守得住，非你不可
多角化 → 到處投資
專注本業 → 穩定持續需求
（小池大魚）

長期穩定
獲利能力

銷
毛營
淨 （估值）

現金為王
應
存

財務結構

資產週轉率   股東報酬 RoE

真假立判
生死存亡

OCF

期末現金

心得筆記

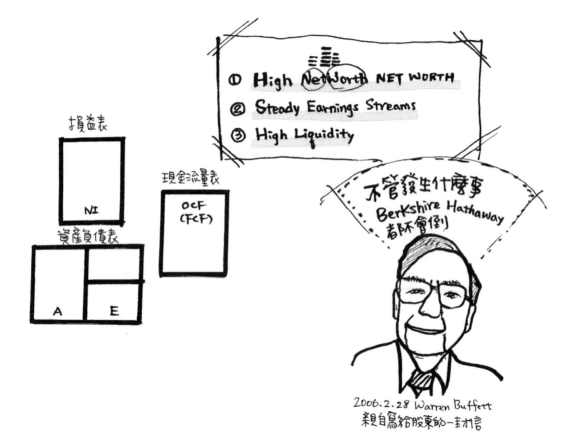

① High NetWorth NET WORTH
② Steady Earnings Streams
③ High Liquidity

損益表

NI

資產負債表

A | E

現金流量表

OCF (FCF)

不管發生什麼事
Berkshire Hathaway
都不會倒

2006.2.28 Warren Buffett
親自寫給股東的一封信

心得筆記

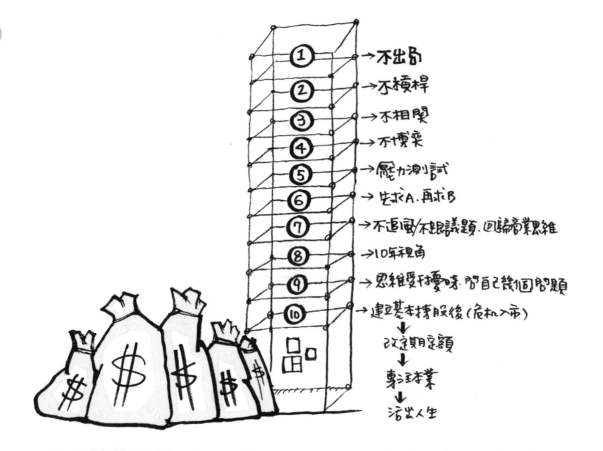

① → 不出局

② → 不槓桿

③ → 不相關

④ → 不博弈

⑤ → 壓力測試

⑥ → 先求A. 再求B

⑦ → 不追風/不跟議題. 回歸商業思維

⑧ → 10年視角

⑨ → 思維受干擾時. 問自己幾個問題

⑩ → 建立基本持股後 (危机入市)

改定期定額
↓
專注本業
↓
活出人生

心得筆記

損益表

毛利
營利
淨利

現金流量表

營業CF
OCF(FCF)

資產負債表

現金
應收
存貨
無形

負債淨值

總資產周轉　股東回報

① 高淨值 High Net Worth　負債率低

② 穩定賺錢現金流 Steady earnings stream　獲利能力好

③ 高流動性 High Liquidity　現金 25%↑

Berkshire Hathaway

不管發生什麼事,波克夏都不會倒

2006.2.28
Warren Buffert
親自寫給股東的一封信

世界上的投資只分成3種

不知道可不可以投

可以投資

不可以投資

Charlie Munger

心得筆記

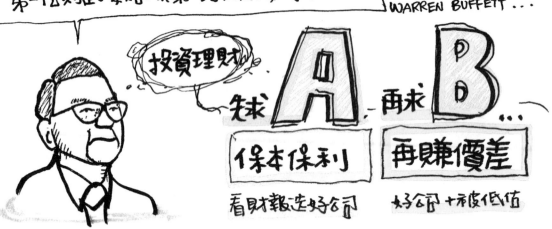

心得筆記

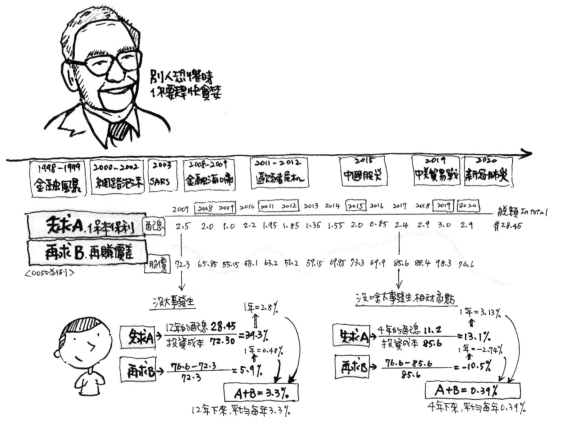

心得筆記

36

歷史會重演. 人性不會變

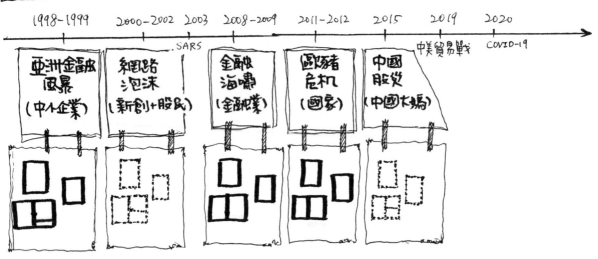

財務金融歷史事件

| 1998~1999 | 2000~2002 | 2003 | 2008~2009 | 2011~2012 | 2015 | 2019 | 2020 |

.SARS — 中美貿易戰 — COVID-19

亞洲金融風暴 (中小企業)

網路泡沫 (新創+股民)

金融海嘯 (金融業)

歐豬危机 (國家)

中國股災 (中國大媽)

心得筆記

你買的時候，利潤就已決定，非你賣的時候

Your profit is made when you buy, not when you sell.

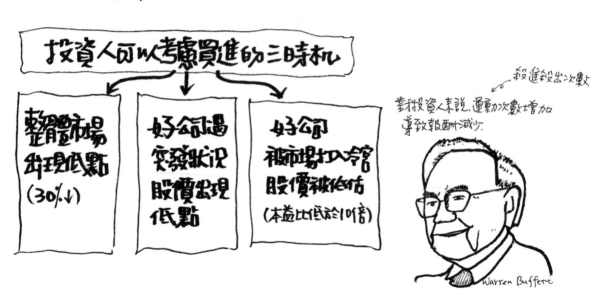

投資人可以考慮買進的三時机

整個市場
出現低點
（30%↓）

好公司遇
突發狀況
股價出現
低點

好公司
被市場打入冷宮
股價被低估
（本益比低於10倍）

交易進殺出次數

對投資人來說，運動次數增加
導致報酬減少。

Warren Buffett

心得筆記

38

股價計算公式

本益比 (Price-to-Earning Ratio) $= \dfrac{\text{股價 (Price)}}{\text{每股盈餘 (Earning per share) EPS}}$

股價 = 本益比 × EPS

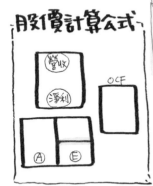

$$\textbf{Price} = \text{本益比} \times \dfrac{\text{稅後淨利}}{\text{總股數}} \times \dfrac{\text{銷貨收入}}{\text{銷貨收入}} \times \dfrac{\text{股東權益}}{\text{股東權益}} \times \dfrac{\text{總資產}}{\text{總資產}}$$

選公司不要選股票
5個決定股價的因素
只有1個來自外部，4個都是內部

$= \text{本益比} \times \dfrac{\text{淨利}}{\text{銷貨收入}} \times \dfrac{\text{銷貨收入}}{\text{總資產}} \times \dfrac{\text{股東權益}}{\text{總股數}} \times \dfrac{\text{總資產}}{\text{股東權益}}$

$= \text{本益比} \times \text{淨利率} \times \text{總資產周轉率} \times \text{每股淨值} \times \text{權益乘數}$

市場態度	獲利能力	經營能力	每股淨值	財務結構(本槓桿)
外部因素	內部因素	內部因素	內部因素	內部因素

心得筆記

投資組合
視角

1. 大型股

2. 長期穩定獲利能力

3. 高RoE. 低負債. 低兩盈率

4. 簡單的企業

5. 良好的經營團隊

6. 耐心等待

心得筆記

ETF EXCHANGE TRADE FUNDS
指數股票型基金

John Bogle
先鋒基金創辦人
發明了ETF

指數	被動追蹤某一指數表現的商品
股票型	可以像一般股票一樣,在集中市場交易
基金	和共同基金一樣,由投信公司發行,管理買進各種股票組成的投資組合

ETF兼具股票與基金的特色

| 投資成本低 | 分散投資 | 定期汰弱留強 | 免選股參與大盤趨勢 | 上市櫃老闆的心態 |

心得筆記

41

先求A、再求B　　　不追風、不跟議題、回歸帝業思維

只有B
賺價差思維

~~搶反彈~~
~~搶時機~~
~~看線型~~

長期下影向資產報酬率的二大因素

資產配置 91.1%
投資時機 8.9%

時機沒有那麼重要

John Bogle

搶勢 → 買 → 漲 → 賣/續
　　　　　平
　　　　　跌 → 賣/不賣
　　→ 不買

買的過程　　賣的過程

$\frac{1}{2}$ × $\frac{1}{3}$ × $\frac{1}{2}$ = $\frac{1}{12}$

散戶賺錢的機率
$\frac{1}{12}$ · 勝算低

心得筆記

個人財務健檢

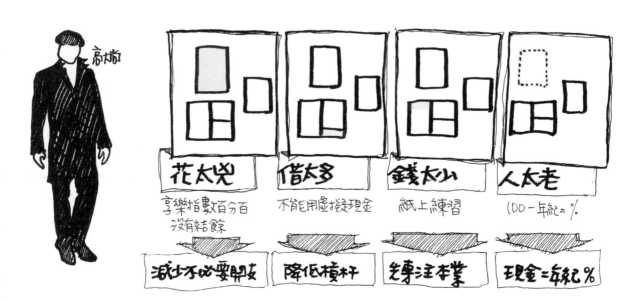

高尚

花太兇	借太多	錢太少	人太老
享樂指數百分百 沒有結餘	不能用虛擬提領現金	紙上練習	100-年紀=%
減少不必要開支	降低槓桿	先專注本業	現金=年紀%

心得筆記

43

思緒受干擾時
問自己幾個問題

1. 你之前投資的錢來自哪?

2. 之前的投資標的是? 可投／不可投／不知可不可投

3. 你在做勝算大的事嗎?

4. 你的壓力能力如何?

心得筆記

心得筆記

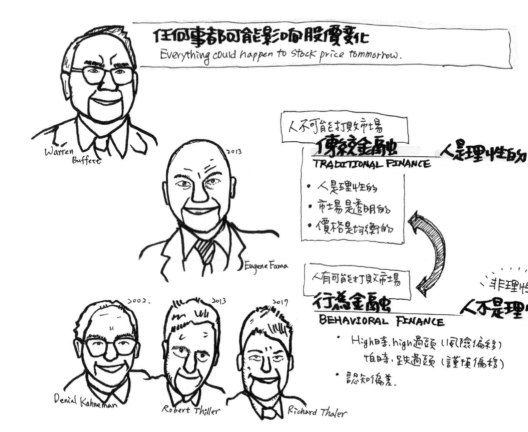

任何事都可能影响股價變化
Everything could happen to stock price tommorrow.

Warren Buffett

2013
Eugene Fama

人不可能打敗市場
傳統金融
TRADITIONAL FINANCE 人是理性的

• 人是理性的
• 市場是透明的
• 價格是均衡的

人有可能打敗市場
行為金融
BEHAVIORAL FINANCE 非理性
人不是理性的

• High時, high過頭 (風險偏移)
  怕時, 跌過頭 (謹慎偏移)
• 認知偏差.

2002
Denial Kahneman

2013
Robert Thiller

2017
Richard Thaler

心得筆記

心得筆記